LUCES DE ASFALTO

MALATINTA

LUCES DE ASFALTO

EXLIBRIC

ANTEQUERA 2021

MALATINTA

LUCES DE ASFALTO

Índice

A mi padre y a mi madre, por darles sentido a la palabra familia.

A Miguel y Ana, por ser familia de la que no une la sangre.

*A todas las piedras, baches y reflejos que me han
hecho escribir estos versos.*

*A ti que me lees, gracias por entrar en mi casa,
espero que te haga feliz.*

*«En el fondo, un poema no es algo que se ve,
sino la luz que nos permite ver».*

ROBERT PENN WARREN

Prólogo

CARTA A UN KAMIKAZE

*Suena A las cosas por su nombre,
de Violadores del Verso.*

Querido Miguel:

No sabes la ilusión que me hizo ver tu mensaje con esta propuesta, con esta locura. Desde que te descubrí en los directos recitando en plena pandemia, supe que eras un gran poeta y con el tiempo te has convertido en un gran compañero. Permíteme que recalque que esto está siendo una completa locura, que me hace muy feliz. Es una sensación extraña y bonita. Es la primera vez que adapto mis letras a un prólogo y quién me iba a decir que sería para tu nuevo sueño. ¡Ay, los sueños!

Si hay algo que nos ha enseñado la vida es que soñar no es tan barato como muchas personas se creen. Hay sueños que se rompen y sueños que te los arrancan de las manos para venderlos en el mercado negro pero, a pesar de todo, hemos aprendido de esos sueños frustrados. Y aquí seguimos, defendiendo a la poesía desde las trincheras.

Cierro esta carta y os abro las puertas de este poemario. Cuidado al pasar, entre estas páginas vuelan balas de cristal.

En *Camínome* descubrí a un tipo roto, a un poeta malherido que cosía sus heridas con las ideas claras del futuro. Descubrí a un corazón armado, y ahora siento que late con más fuerza. Malatinta no se calla, vuelve con sus versos sobre la mesa de póker para hacerte saber que a él no le hace falta poner caras para ganar la partida.

Luces de asfalto es un grito en toda regla, la crítica que necesitamos de esta sociedad de mierda. Es la esencia de un alma dolorida en busca de una nueva presa. No, Miguel no se calla y lo descubriréis en cada palabra, en cada verso, en cada poema.

Sus letras os atravesarán el pecho como esa última bala que guardabais en el cargador para una ocasión especial. Notaréis el calor traspasando vuestro esternón, creciendo en vuestro pecho como una rosa triste que nunca quiso hacer daño. Sentiréis el frío de la muerte en vuestros labios, el invierno envolviéndoos en sentimientos y, por último, oleréis a pólvora recién mojada.

El sabor amargo de esos recuerdos hechos añicos tras estamparlo contra la pared, como el *whisky* barato del minibar en un mal hotel. Grita, se desgarra las cuerdas vocales y lo estampa con rabia. Hace ruido y el tiempo se detiene. Mira los trozos en el suelo. Respira. Vuelve a la realidad. Así es él. Un kamikaze que se vuelve masoca por volver a creer. *C'est la vie*, y el amor, si no juega sucio, prefiere no incorporarse a la partida.

Espero que disfrutéis tanto de estas páginas como lo he hecho yo y que se os erice la piel como el primer beso del último verano a la orilla del tiempo.

Gracias por tanto, Miguel.

Soledad Casado

FUNERAL

Este es el funeral
del ideal
creado,
alejado de lo real,
que con efecto retroactivo
aún no me ha torturado del todo.
Todavía puede hacerlo mucho más.

Hay coros entre las tumbas,
vítores jalean
y lloran,
victoria y derrota en la misma copa,
que aclara la boca
y besa a quemarropa.

Corta el viento
el susurro sordo
de un sollozo seco,
baila por el eco
entre las máscaras baratas
de los sinrostro.

Silencio a contratiempo,
aviso de muertos.

Un olor flota,
las miradas se esquivan
y la vida se agota.

Un mármol reza:
«Aquí yace quien fue venerado,
nadie le llegó a conocer».

Amén.

AL ALBA

¿NUEVO AÑO?

Todavía no asumo el nuevo año,
vivo como en un presente
que ya es pasado,
al cual soy incapaz de dejar de lado
por el mero hecho
de no usar calendario.

Todos los días son el mismo
con igual principio,
idéntico final
y solo un poco de variedad en el entreacto.

Como un continuo día de Navidad
sin regalos ni comida familiar,
cuarenta años
y cero ilusión.

Aquí todavía no hemos cambiado de año,
cuidado con venir
si no quieres viajar al pasado.

Una mañana más

La madrugada moría en violeta y grana
al tiempo que iniciaban cantinela los trinos,
las primeras luces de la mañana son de tubo
y huelen a café,
por el bulevar cruza una vieja vespino
y el mundo se reinicia otra vez.

Una casa como cualquier otra,
en una esquina que huele a pis y derrota,
se despierta a ritmo de radio.

Una más del barrio
nada extraordinario,
dos yacían, ninguno ahora
sólo él queda,
mirada perdida viaja por la ventana,
todavía le queda un último aliento a la noche
y piensa en el derroche
de esa luz,
que se le antoja tan lejana.

HUECO

Hay un agujero en la cama
donde me acuesto cada día,
no porque sea grande
sino porque hace tiempo que nadie la habita.

De vacío a hueco
voy a saltos
entrando a cada asalto
con la guardia rendida,
una vieja herida
que duele como una nueva
y un camino a la deriva
que augura poco más que otro fracaso.

Estoy cansado de estar solo
cuando somos dos en el mismo cuarto,
nuestro muro se ha vuelto cada vez más alto
y no hay dinamita suficiente para tirarlo abajo,
una vida de fallos acumulados.

Ni tú ni yo,
los dos jugando a ser Dios
nos convertimos en el peor de los diablos.

¿Fuiste?

¿Sabes quién eres?
¿Recuerdas quién fuiste?

Yo sí.
El mundo era luz a tu paso
y el cielo, truenos con tu risa.
Con solo nombrarte cambiaba el tercio
de una faena mal llevada
hasta conseguir salir a hombros
en todas las plazas,
y no de toros.

Mil hubieran dado todo
por ser la mitad de lo que creían
que eras,
pero siempre fuiste más
de lo que ninguno llegó a imaginar,
simples humanos creyendo entender la divinidad.

Puede que tú te hayas olvidado de ti,
pero yo no,
yo conservo el mejor de los recuerdos
en el primer cajón.
Si algún día quieres y te atreves,
te lo presto.
Quizás así recuerdes tu yo.

APOYOS

Apoyos invisibles
que dejan mejor huella que las cicatrices.

Pasado regado con té
y miradas sostenidas.
Han pasado varias vidas
y todavía recuerdo aquellos «buenos días».

Hemos ido y hemos vuelto,
pero aquí seguimos,
al pie del cañón.
Se me quita cualquier preocupación
al saber que puedo contar contigo
por rara que sea la situación.

Me faltan palabras
con las que dar las gracias al destino
o cualquier ser divino
que nos hiciera cruzar caminos.

Ojalá sea digno
de seguir caminando contigo.

Plumas y balas

Me preguntaron si iba armado,
si tenía algo en los bolsillos.

Yo saqué dos libros,
un cuaderno
y medio lápiz afilado.

Por la vida sin escudo,
con armadura de tinta y papel,
días como un carrusel
y líneas en las que me desnudo,
no de ropa,
sino de lo que no cubre la piel.

Escribirme es una declaración de guerra
y leerme es firmar una paz que aterra
más que calma.
No hay alma en lo que se escribe
cuando no hay algo de sangre y declive.

Cuidado,
si has llegado hasta aquí
no te aseguro que vayas a salir.

O por mí,
o por ti.

Frío

Cada vez que te miro
me pierdo.

Y así estoy,
que no sé
si sacar la brújula
o tu foto,
cerrar los ojos
y ver a dónde llego.

Porque de qué me sirve
saber el destino
si no voy contigo.
Ya he estado mucho tiempo perdido
y es la mayor mierda que he conocido.

El ártico
no es tan fantástico
desde que dejaste el saco
para mí solo,
no hay calor en este hoyo.

No hay ventisquero
que cubra de esta tormenta
de emociones que arrecia
en este camino perdido.
¿Sabes tú a dónde lleva el olvido?

Señor

«Oiga, señor, ¿me tira la pelota?».

¿Señor?
Joder, ¿tan mayor parezco?

Vale que ya peino canas
y hace mucho que no crezco,
pero aún camino recto,
y después de una buena ducha
estoy igual de fresco
que cuando la barba no era más que un cuento,
como cuando leía a Julio Verne
y soñaba despierto
creyéndome el Capitán Nemo,
con bastante cara de memo.
Aunque eso no cambia,
sigo soñando con los ojos abiertos.

Puede que me esté haciendo viejo,
pero la verdad es que me importa un bledo.
Soy un poco más listo que ayer,
creo,
y me enfrento a todo con más calma y saber hacer.
Nunca pedí nada al cielo.

Estoy cansado,
porque nunca puse freno a la vida.

Las cicatrices que miras
son la prueba de que nunca elegí la huida,
me planté como Gandalf
haciendo frente a los demonios:
«¡De aquí no pasas!».

Y no lo hicieron,
aunque casi caí con ellos.

Igual estoy viejo,
pero me queda más de una bala
en la recámara
y muchas personas a las que considerar casa,
así que cuidado,
que el abuelo siempre da la cara.

Estoy viejo,
pero te aseguro
que me prefieres de tu lado
que en el de delante.

DOS HIELOS

Al filo del cambio
en una ciudad
que huele a desplante
y a huida.

Disección o partida,
una salida con muchas dudas
y un taxi a la deriva.

Ven, que me echo al vuelo,
o golpéame dejándome en el suelo.
No hay avances si te quedas quieto
y me queda gasolina para el próximo reto.

A fuego y con dos hielos,
perdón por este desastre,
pero nunca se me dio bien
actuar pensando antes.

EL QUINTO DÍA

Jugando al desplante
y al destape
en un tablero sin piezas,
a la luz de un mechero
al que se le agota la mecha
yo me planto,
con la tesitura
de una victoria inoportuna
para la que no tengo discurso ni vestidura
acorde al empaque
e importancia de esta lucha;
con las manos abiertas y sin armadura,
mi única arma es mi alma,
cabalgando desde el alba
del quinto día,
la esperanza de una vida extra
que se antoja menos funesta,
pero no tan larga,
jurando que no se me acaba
la sinrazón
de querer volver a una pelea
para la que me sobra corazón,
pero me falta buena estrella.

Nunca tuve el don de la clarividencia,
así que seguiré jugando

hasta agotar mi paciencia
o dar con la tecla
que apague esta función.

TESORO

Un cartel de bienvenida
bendice mi salida de urgencia,
en esta casa compartida
entre mi conciencia
y mi corazón,
tengo un puñado de vergüenzas
bailando a ciegas en el salón,
al tiempo que guardo en la maleta
lo que resta
de eso que no apesta
y que escondí en el tercer cajón.

Un tesoro
que hace tiempo que no miro,
que no toco
que no es de oro, pero ¡ay, amigo!,
hace que me brillen los ojos
como si con eso ya lo tuviera todo.

Las farolas en fila de la calle
marcan mi pista de aterrizaje
para esta huida hacia delante,
a la que me precipito con poco equipaje.
pero con mucho lastre,
Apenas he salido
y ya empiezo a girarme

a ver si has encendido el cartel de «No molesten»,
no vaya a ser que encima me persigas
y me jodas la próxima sonrisa.

Aquel es tu sitio,
el mío
ya no.

PANELES FRÍOS

VENTANA

Una ventana en mitad de la nada
que nos transporta al único lugar
de donde nunca nos hemos ido,
un paseo por la inmensidad de nuestro olvido
en dirección opuesta a la mirada
y un hogar como destino.

Asomar la cabeza es la antesala
de jugársela sin mirar las cartas,
ir contando, a ciegas y la sonrisa fija,
es mi estrategia preferida en la batalla.

Volver donde seguimos
por pensar habernos perdido
al buscarnos,
sin recordar
que lo tenemos todo al alcance de las manos
sin necesidad de apostar.

RUGE

¿De qué nos preocupamos?
¿Qué nos llena el coco de altibajos?

Mientras tú te preocupas
de ganar seguidores,
hay alguien quedándose calvo
por el jodido cáncer.

Mientras tú te peleas con tu vecino
por el fútbol del domingo,
hay quien no tiene para comer
desde hace un siglo.

¿En serio esa mierda te parece tan importante?

La nevera llena,
el amor de tus padres
y tú llorando en Instagram
para que te regalen unos puñeteros auriculares.

Tenemos las manos tan llenas
que hemos olvidado el peso del vacío,
el lastre
que nos hunde en el desastre
en función de dónde o cómo hemos nacido.

Un capricho al azar
que nos hace morir de hambre
o de humanidad.

¿Y tú, por qué ruges?

CONJUGACIÓN

No es que viva en infinitivo,
es que la vida carece de tiempo verbal,
es un flujo de tiempo distante.
No hay detrás ni delante,
sólo nosotros
en medio de su inmensidad.

Perdidos en pérdida
y cansados de batallar,
de nadar a contracorriente
dando la cara siempre
y que nos lluevan hostias sin parar.

No sé vivir en imperativo,
ni ordeno ni aconsejo,
bastante tengo con no perder mi testigo.

Pídemelo y te sigo,
pero yo no querría viajar conmigo.

FE

Creo en las miradas secas
de quienes de tanto ver
no quieren mirar.

Creo en las manos callosas
de quien ha perdido el tacto
recibiendo a diario el impacto
y todavía es delicado al cortar una rosa.

Creo en los pies cansados
de quien sirve café con una sonrisa.
Cada día os veo más delgados.

Creo en la valentía de los humildes,
a muchos os han intentado dejar atrás
y por terquedad
habéis continuado
cada uno con vuestros zapatos.

¿Cómo alguien se atreve a criticar vuestro camino
si nunca ha paseado a vuestro lado?

Deposito mi fe en los que no se rinden,
mi único porqué
es que ellos no creen
que algo sea imposible.

AFÓNICOS

Mucho ruido,
muchas voces,
en esos ecos no te reconoces,
no son más que vacíos que ocupan la noche.

Las paredes rebotan
lo que las aceras lloran
a golpe de grito e histeria,
queriendo marcar el ritmo de la historia,
justificando juicios atroces
con la fe en ristre
y un mar de ojos feroces.

Fe en la verdad dada
por quien sólo te enseña la cara,
dejando la cruz y el canto
bajo la alfombra.

Si paso la escoba,
seguro que encuentro algunas monedas.

Hay quien combate el ruido
con ruido.
Yo prefiero dejar que os quedéis afónicos.

Silencio

Acabas y solo queda silencio,
un vacío donde antes había ruido
y ahora un papel en blanco
a modo de nuevo comienzo,
con más dudas de las que puedes abarcar
y la maleta vacía.
Necesitas nuevos caminos para empezarla a llenar.

No sé qué haces parado en el principio
como si fuera un precipicio
al que temes resbalar,
cuando es tu primera oportunidad
de coger carrerilla
y saltar.

Si vuelas o caes,
el tiempo dirá.

El precio

¿A qué precio vendes tus pies cansados?

¿A cuánto cotizan tus ojeras?

¿Qué pides por un gramo de suspiros aderezados
con algún que otro enfado?

Tenemos el sudor de la frente en oferta
y todavía os parece caro.

Regalamos manos,
nos dejamos los sueños
por quienes no movéis un dedo
y apenas ni protestamos.

Nos ponemos de frente,
de nuevo damos la cara
y nos secamos alguna que otra lágrima,
que las han bajado de precio
y no vale la pena cosecharlas.

Todos los días amanezco antes del alba,
cada mañana pongo en venta otro pedacito
de lo que me resta de alma,
a ver si algo cambia
y empieza a cotizar al alza.

Y me da para jubilarme
antes de la siguiente madrugada.

La sombra de la farola

Las sombras no pueden marcar tu camino
mientras ocultan el siguiente paso.
No hay faros ni farolas
en esta ciudad que acorta la vida
y la risa,
mientras nos oculta que hay una salida
a esta rotonda
en la que se convierten los días.

La luz no es suficiente
para romper los muros de nubes,
necesitamos un huracán
que nos levante en volandas
y rompa el velo de esta farsa
tras la que nos escudamos
con mucho temor
y ninguna razón.

Nos vamos chocando
por no ser capaces de vernos
las manos,
ni los pies.
Mejor no miréis
que bastante vergüenza damos.

Demasiada sombra,
y yo sólo tengo un mechero.

PERCUTOR

El punto de no retorno,
el desequilibrio constante,
el alfa y el omega
de todos los dilemas
concentrados en la punta de una bala
que no se dispara,
nadie se atreve a empuñar el arma.

¿Quién se haría responsable de tirar abajo
el pilar maestro de la muralla?

Nadie quiere hacerse cargo del escombro,
aunque con ello podamos salir del hoyo.

Pero la bala está en el tambor,
el dedo en el gatillo
y veo moverse el percutor.

Todos a cubierto,
se acabó la función.

MENÚ DE MEDIODÍA

Menú de tres platos
por el precio de una hora de sudor
y ni siquiera poder elegir:
el primero viene amargo,
el segundo escaso,
pero de postre un dulce,
para que te vayas feliz.

El café aparte,
encima no quieras aprovecharte
que te están dando lo que no te da nadie,
y si te quejas,
ten en cuenta
que hay colas que llenan las aceras.
Tú sabrás si quieres jugarte esas monedas
que bailan en tu bolsillo,
cuando no las aprietas
para asegurarte de que aún las llevas.

Tienes las justas para el sustento
y no sobra ninguna para gastar en sueños,
esos que resbalan por la frente
o se atascan bajo las uñas,
penas de aceite
y grasa que acuñan
un futuro amortajado en cemento
y excavado por la gula.

Los ojos se cansan menos
si dejas de mirar a lo lejos,
y a ti te quedan las fuerzas justas
para seguir doblando el lomo
en esta realidad que asusta,
pero que no te echa para atrás.
Costumbre o cabezonería,
qué más dará.
Sólo sabes que hacen falta más monedas
y que nadie te las va a regalar.

JUEGO DE REYES

Soy testigo de un sol huidizo
que sale a la contra entre los árboles,
mientras la gente sonríe y hace planes
ajenos a lo que tienen delante.

Hay una partida de ajedrez en ciernes
en la que todos somos peones sacrificables
y no nos preocupa,
mientras tengamos futbol y cerveza en la mesa.

¡Gol!
Nos la han colado
entre broma y broma.
A nosotros que nos jodan.
Total, vamos a seguir pagando sus copas
mientras mendigamos un plato de sopa.
El día que nos dan pan aplaudimos como focas.

Piezas de un juego
en el que siempre perdemos.
Mientras, la gente sigue haciendo planes
y yo espero.

Camisas de rayas

El sol inundaba las plazas
y nosotros nos creíamos rebeldes
con gafas de sol
y camisas de rayas,
pero bien abiertas
creyéndonos volver de alguna guerra de novela,
cuando apenas habíamos elevado las gargantas,
preocupándonos más del tupé
que si de verdad llegaba alguna batalla.

Revoluciones de smartphone y botellín,
leídos en casi todo,
pero vividos en casi nada.
Qué le vamos a contar a quien lleva tragando mierda
desde la cama
que no tenga grabado en la piel
a modo de cicatriz.

Nos sobra mucho
y nos falta todavía más,
viviendo sin vivir,
arreglando el mundo
con la paga de papá.

SUCIAS Y SOÑADORAS

A pico y pala
se masca la carencia,
el ritmo de la gota de sudor
como esencia
de lo que cuesta llenar la nevera
y lo rápido que vuela el dinero de las carteras.
Siempre vimos venir la tragedia.

El provecho del trabajo
no llega entero a las manos
de quien se las ensucia
desde las seis de la mañana.
Se pierde en las mangas blancas
del que juega al trile con sus esperanzas,
desde la distancia segura
para no perder la compostura
de una posición que le regala
todas las ventajas.

«Manos sucias, dinero limpio.
Manos sucias, dinero limpio».

Me lo repito como un mantra
cuando junto las monedas suficientes
para alquilarme un sábado por la mañana,
que a mí no me regalan nada

ni a ti, no te engañes,
que aunque te tragues sus soflamas,
te levantas de madrugada
mientras ellos bucean
en lo que nos arrebatan.

Les seguimos riendo las gracias
a costa de nuestras alegrías.
¿Acaso recuerdas una vida
que no fuera esclava de sus patrañas?
Con esta papeleta rubrico mi desgracia.

«Manos sucias, dinero limpio.
Manos sucias, dinero limpio».

No acumularé fortuna,
no viviré de rentas
ni tendré varias casas,
sólo perderé litros de sudor
y un poco de rabia.

Pero todas vuestras sonrisas brillantes de anuncio
no podrán competir con la mirada del niño
que crece viendo
como las manos sucias sueñan
y traen el dinero limpio.

LUNA DE MEDIODÍA

Si la esperanza es lo último que se pierde,
yo ya olvidé qué fue lo primero
en este baile de flores al vuelo,
sonrisas fingidas
y besos en cuellos ajenos.

El rayo verde de Verne
emulando el faro perdido,
una guía que poco tiempo tuvimos
por creernos invencibles
cada tarde de viernes.

Fundido a negro,
pánico en el salón,
me quedan tres monedas
para esa gramola que apenas suena,
no hay flores suficientes
para enmascarar el olor.

La función se acaba,
ya nadie canta
y una sirena
nos hace girar el timón.

Luna de mediodía,
aquí estoy.

¿LARGAS O DE CRUCE?

CUESTIÓN

Obvio la presunción de las creencias,
voy armado con la duda
y cargado de preguntas,
soy la guerra contra tus principios
bombardeando sus cimientos
hasta llegar a la primera piedra.

Momento del reinicio,
satisfacción en la construcción
del nuevo edificio,
devoro todo lo que es seguro
hasta dejarlo en los huesos como al inicio.

Soy el niño que no cesa en sus porqués
hasta que te hace dudar de todo lo que crees.

Todo nace en mí
y nada muere conmigo,
pues con cada respuesta
surgen nuevos acertijos.

TRAPOS

Las calles huelen a ceniza
y tú aspiras como si fuera victoria.
Te drogas con cada una de sus mentiras,
mientras ellos brindan
con la sangre que derramas.

Apestamos a idiotas,
engañados y dejados engañar.
Hemos tragado proclamas
y nos creemos William Wallace
con rabia en los rostros
y una causa detrás.

Trapos, piedras y pedazos de papel,
mírate a los ojos y piensa
el precio que se está pagando
por cualquiera de esos tres.

LLAMAS

El vértigo al folio en blanco,
a la calle vacía,
al no saber qué hacer,
porque no hay ningún mensaje nuevo
ni ninguna notificación.

El temor al vacío
y la necesidad de llenarlo,
beber de cualquier botella
para calmar la sed,
para terminar borracho
de lo que nunca debió ser.

Terror a la incertidumbre,
peligro de derrumbe
de una realidad montada
sobre cimientos de paja.

Necesidad de aprender a enfrentarse a la nada
como si de nada se tratase.
Está al alcance de las manos
todo lo necesario,
solo falta no quedarse atenazado
por el ser el primero en presentar batalla.

Todo pasa por el primer paso,
la primera palabra, el primer garabato

sin pensar que pueda ser una mancha.
Nada crece o se pone en marcha
sin tener que corregir o borrar algo.

Cuando el pánico te cale dentro,
escribe, dibuja, dale cuerpo y luego,
préndele fuego.

Ahora tienes luz para algo bueno.

NIEVE EN LA CUMBRE

«Nieve en la cumbre»,
pienso al buscar cabello en la calva que crece
de la nuca a la frente
y me deja regusto a rabia condensada.

La edad y el retiro
amenazan como una espada de Damocles
mal afilada.
Es rápida y yo tengo las piernas cortas,
siempre fui más de pararme
y, con una sonrisa,
presentar batalla.

Espero un combate en el que sólo puedo perder,
pero al que llego con el escudo apretado
y el arma en la mano.
No ganaré, pero al menos déjame que sonría
creyéndome don Pelayo
cruzando el Sella.

Ni busco la victoria
ni acepto la derrota,
sólo me planto y espero,
ven aquí y gánate el derecho
a portar mi corona.

MARCHA MORA

Hay un repiqueteo en el eco
que sale de tu pecho
a ritmo de marcha mora.

Suena a sangre,
a gota a gota,
como el hambre
que me agota
desde lo de aquella flor rota.

Hay un mar de agravios
echando a perder el calendario
que construimos mirando al cielo
y al final rompimos por miedo.
La cuenta en rojo
es todo lo que veo.

Los dos llevamos las manos rojas,
el alma rota
y una mueca torcida en la boca,
como la contraportada de un cuento
que no me arrepiento
de haber leído.
No todo fue un martirio.
Y ahora,
a ritmo de marcha mora,

nos queda decidir
si vale la pena limpiarse las manos
o nos dejamos hundir.

LÓGICA O FE

Perdí la fe
cuando gané la lógica,
pero sigo confiando en una intuición
que no me abandona,
ni con las personas ni con las cosas.

Siempre creí
que una mina rota
era señal suficiente
para dejar de escribir,
aunque yo siempre he sido
de ir juntando pedacitos
para tener algo más que decir.
Y eso que casi siempre estoy callado.

Pues aprendo más con mis silencios
que con todo el ruido
que me autoinflijo,
en un afán por llenar
la lógica de pretextos,
cuando sería más cabal,
simplemente, dejarse llevar.

Pero lógicamente mi fe no es relevante,
aunque aún me gusta creer
que esto es algo más
que bolitas esquivando el desastre.

TÚNEL

Me estoy perdiendo en las aceras,
entre el sudor y la bruma
de un asfalto que huele a tumba.
Las fachadas son murales de la pena
que rezuma,
porque ya nadie me roza,
ni me toca.

Regateo las sombras
del resto de personas,
no vaya a ser que me contagien
de eso que me aterra;
de esta huida me llevo una herida abierta
para la que no encuentro venda.

Estoy en una pesadilla perpetua
en la que ni un pellizco me despierta.
Ya llevo un buen cúmulo de hostias
y todo sigue en tinieblas.
¿Alguien tiene una linterna?

De las pelis aprendí
que si la luz te llama,
como mínimo hay que quedarse parado.
Pero de este túnel sólo quiero huir,
así que no será tan malo

agarrar esa mano,
a ver si el sueño
llega a su fin.

MENOS LUZ

Quedan dos destellos
en esta tarde adelantada
que anuncia una noche sin luna.
No queda nada que rascar
sobre un asfalto que apesta a tumba
mientras te expulsa
con las manos atadas.

Puede que sea mi vista adulterada,
pero cuanta menos luz,
mayor es el reflejo que veo
en el cristal de los escaparates
que hacen de pared de esta cárcel
sin barrotes ni llaves,
en la que el único cable
tiene pinta de soga.
Me sobran esas farolas.

Un falso espejo
en el que por fin me veo,
con menos luz, menos attrezzo.
Lo que hay, lo que queda,
es lo que en realidad soy.
Por un segundo
casi me voy y lo olvido,
pero hoy no.

Hoy se han fundido las bombillas,
todo está a oscuras
a la luz de la luna.

Hoy, cuanta menos luz,
mayor reflejo
y me veo mejor.

FUTURO O RECUERDO

No recuerdo cuáles fueron mis pasos.
No he llegado a irme,
pero me siento abandonado
por mí mismo
en algún lugar alejado,
donde no conozco los rostros,
ni las maneras
ni casi los vocablos.

El futuro todo lo ha cambiado
y no sé cómo llegar a él
ni cómo volver.
Ahora mismo dar un paso
es una cuestión de fe,
y tengo serias dudas
de si algún día la he llegado a tener,
yo que siempre fui todo hechos
y pocas creencias,
no encuentro ahora ninguna explicación en la ciencia
que me diga
de dónde vengo ni a dónde voy
en una ciudad en la que si me miro al espejo
no reconozco ni el reflejo,
porque incluso yo he cambiado,
aunque no sepa en qué ni cuándo.

Y por mucho que lo piense,
sólo concluyo en seguir parado
para intentar volver al recuerdo,
o cometer un ciego acto de fe
y ver qué hay más allá del espejo.

SIN CAPA

Ella,
mi heroína,
la de la capa y la jeringuilla,
mi guardia baja,
la que me da y me quita
lo que ni adivina,
la culpable de que,
después de tanto,
aún por aquí siga.

Ella,
que me mata con la mirada
y me resucita con la sonrisa,
hace mis noches nuevos días
con ese encanto
que hace que todo parezca un cuento,
de los de castillos y princesas,
donde el caballero muere en la penúltima escena.
Redención por sacrificio.

Ella
mantiene a flote el barco,
mientras yo lo escoro por estribor.

Espero acordarme de las clases de natación.

Menos es más

Felicidad,
aprender a no querer de más,
a que lo que hay es suficiente,
perder el gusto por la necesidad,
conformarse con lo que puedes apretar.

Rechazar la idea de volar
cuando no se nació con alas,
dejar de mirar al cielo
y mirar al frente,
comprender que también
hay risa a ras de suelo.

Saber vivir el presente,
el pasado marca
pero no mata,
y el futuro te hincará el diente
si no sueltas lo que no abarcas.

«Más vale pájaro en mano
que ciento volando»
como clave de bóveda de la dicha.
No des bola a la prisa
que sólo caminando lento
distingues la piedra que precede a la caída.

Ser más con menos,
sabiendo que mucho no siempre es bueno
y que poco puede ser perfecto.

Ser feliz sabiendo que,
para ello,
en algo hay que ser
un poco menos feliz.

CHISPA Y CELULOIDE

QUERIDO DIARIO

Querido diario,
día D del año X,
te escribo como recordatorio a ti,
mi yo del futuro,
de parte mía,
el yo del presente
que tiene en mente aún
al yo del pasado:
no lo hicimos tan mal.

Sobrevivimos improvisando
en un teatro que se caía a pedazos
y todavía arrancamos algunos aplausos,
dos rosas
y una renovación de contrato.

Seguimos y seguirás en la lucha,
espero.
Si te conozco como creo,
continuarás dándote cabezazos
por algún sueño,
con más sonrisas que dinero
y muchos recuerdos en el talego.

No te pierdas, amigo,
aguanta un poco más ahí,

que nada cae del cielo
menos la lluvia,
que siempre te(nos) hizo feliz.

Querido yo de dentro de X años,
te deseo la constancia del pasado,
la esperanza de un futuro
y el amor de mi presente.
No olvides de dónde vienes
y no dejes de imaginar
que sigues en aquel teatro.

ENEMIGO

A saltos y retrancos
he ido avanzando en la partida,
apenas cuento un puñado de casillas
para llegar a una meta que sabe a cima,
desde donde alguien conocido me mira
como si no quisiera mi compañía.

Él es el artífice de mis caídas,
de mis idas y venidas,
de los retrasos en recorrer las avenidas
que parten en dos las pesadillas
en las que embriago mis días.

Ese, que desde su atalaya
me espera y amenaza
con solo una mirada,
que gracias a mis bemoles
cada vez es menos lejana.

Ahora soy yo quien va a la carga,
no mires mis mangas
pues llevo los ases tatuados en la cara.

¡Conozco ese rostro!
Lo recuerdo de haberlo llevado dentro
por demasiado tiempo.

Eres mi yo de ayer,
mi reflejo atado al espejo
que sin ser ciego no sabía ver.

Únicamente tú podías estar ahí,
intentando que confirmara tus miedos.
Nunca más los míos.

Ahora me compadezco de ti.
Déjate ir y vete de aquí,
has perdido el juego
por subestimar a tu enemigo,
mientras yo sigo
con la sonrisa en la mirada
y tu atalaya como destino.

GUERRA

Podrías haber bajado
por el otro lado,
podrías haber vuelto
por el perfil bueno,
pero complicaste la vida
y aquí estamos,
haciendo equilibrios
por el mismo filo,
jugando al «gallina» con el destino,
a ver quién de los dos
pega el primer volantazo.

Miradas de cera
que derriten las pocas ideas
que nos quedan,
abriendo las cremalleras
que servían de tope
para ese cúmulo de quizás
que podrían inundar carreteras
si en algún momento de nuestras vidas
nos volviéramos a conceder la libertad.

Volar sería el siguiente paso
cuando las azoteas se nos quedasen cortas.
Nos faltaría altura
para soñar con una Luna

que nos hace de guía y reclamo
para todo lo que un día
imaginamos.

¡Bang!

Muerte en el cielo,
el mundo real ataca de nuevo,
nubes a quemarropa
que nos llevan de boca y cabeza
a una pelea que no espera.

Cuerpo a tierra,
pies en el suelo.
Cortemos el juego
antes de prender la guerra.

UNA MÁS

«Una más y me voy».
Eso me digo
cada vez que me quedo pegado
a la barra de este antro
como si estuviera encarcelado.
Salir es como huir de prisión.

«Una más y me voy».
Ya he visto suficiente
de este entreacto mal encajado
y lleno de putrefacción.

«Una más y me voy».
Sonríeme otra vez
y deja que te cuente otro chiste,
seguro que de este sí te ríes
y me gano un beso de buen adiós.

«Una más y me voy»,
o puede que sean dos,
qué más da.
Nadie espera que esto vaya a mejorar
y fuera llueve,
así que aquí es donde mejor estoy.

«Una más y me voy»,
pero ¿a dónde?

No creo que nadie espere mi vuelta
ni que alguien sienta que falto, ¿o sí?
No lo sé ni yo.

¿Cuánto te debo?

Quédate el cambio,
ya me voy.

ELOISE

Suena Eloise, de Tino Casal,
mientras revivo recuerdos
en servilletas guardadas
que cuentan historias de piratas,
desahucios
y unicornios bebiendo mojitos en la playa.

Y me doy cuenta de que, a veces,
la felicidad es mucho más sencilla
que todo lo que anuncian por la tele.
De que, a veces,
un paseo a ritmo de la risa
es más hogar que las casas donde habitas.
De que, a veces,
hay más familia en un «avisa al llegar»
que en mil pruebas de paternidad.

¿Sólo a veces?

Ahora suena Wham!, mientras sonrío
y recuerdo a esa otra familia
que el azar me puso en el camino.

BÚHOS

Ya no se refleja la luna en el mar de alquitrán
en el que vivimos;
las farolas amarillas han matado la risa
de unos búhos que ya no murmullan,
que han cambiado su canción y su vuelo
por una caseta en un ficus gigante del parque.

Se ha perdido la luz blanca
entre el rojo y verde de los semáforos;
ya no hay estrella polar que nos señale el norte,
sur o la salida de este laberinto de calles
que saben a sudor y mentiras
como una melodía
que enmascara lo que se pudre sobre las fachadas.

Perderse ha perdido la gracia
desde que todos llevamos mapas en el bolsillo,
nos las damos de salvajes y rebeldes,
pero que nadie nos quite el 5G,
el Netflix o la hamburguesa en la puerta de casa,
no vaya a ser que nos quedemos en silencio
y escuchemos hablar lo que tenemos dentro.

Miedo al espejo y adicción a la ventana,
pero sin salir,
mejor guardar la distancia,

que igual se acercan demasiado
y nos ven las faltas.

Sonrisas falsas
y mierda a las espaldas,
pero a la cara dos besos
y un «¿unas cañas mañana?».

Seguro que hasta la Luna,
en su cara oculta,
raja de nosotros,
aunque nos sonría cada madrugada.

IRSE

Voy a irme,
voy a estar apagado o fuera de duda
a ver si me dura este fuego
que me va a juego
y me mantiene firme.

Voy a permanecer a mi lado.
Mi compañía no siempre es grata,
así que no daré a nadie la lata,
mientras vuelvo a ser el niño asustado
que no quería jugar en el agua
por miedo a morir ahogado.

Voy a dejarme caer,
nunca tuve complejo de rey del ajedrez,
pero quizás, desde fuera del tablero,
pueda ver algo nuevo
o simplemente ver qué pasa si pierdo.
En mal caso, me frenará el suelo.

Voy a volver,
no sé a qué lugar ni en qué momento,
pero seguro que lo haré.

Así que no me esperes.
Es posible que tarde

y es posible que no sea donde tu estés,
también.

JODIDA ESPERANZA

Hoy la esperanza tiene pinta
de escaparate en oferta;
neones desfasados
se quieren hacer pasar por faros,
pero acaban siendo señales de prohibido el paso
ante las que das un volantazo,
apostándolo todo a unos frenos
que más de una vez te han dejado tirado.

Puño en alto
y cabeza perdida,
sales tambaleando del enésimo encontronazo,
pero dispuesto a jugar la siguiente partida.

Sangre relamida
y ojeras inmortales,
que ya no reflejan la luz de ningún escaparate.
Pero ahí sigues plantado, a la luz de los neones,
como una mosca dando vueltas a la comida,
te sientes atrapado.

Lo jodido de la esperanza
es que crees que te da alas,
cuando muchas veces
tiene más pinta de guadaña.

Tiempo y espacio

No sé qué día es hoy
ni me importa cuál fue ayer,
He perdido la noción del tiempo,
pero gano conciencia del espacio en el que estoy.

Qué más da el cuándo,
yo quiero el qué y el cómo,
me la resbala si tarde o pronto
mientras me quepa entre las manos.

Nos inventamos las horas
para poder llenarlas de excusas
cuando dejamos de lado lo que importa
para pedir otra prórroga.

De qué vale el tiempo
si no tengo el espacio en el que compartirlo,
para qué quiero el espacio
sin el tiempo de vivirlo contigo.

A VECES

De vez en cuando
soy capaz de escuchar los gritos
de una ciudad que agoniza
entre el desdén y la prisa.

De vez en cuando
miro un escaparate
y veo más verdad a mis espaldas
que a la venta.

De vez en cuando
la sal me sabe dulce,
cuando son tus labios los que me la dan.

De vez en cuando
miro a Valencia a los ojos
y recuerdo por qué ya no lloro.

De vez en cuando
imagino mi paraíso.
Luego lo piso
y soy feliz.

EL BANCO

Con tu intensidad proclamada
y mi derrota escondida,
dos antagonistas sin pistas
que no adivinan la salida
ni la entrada
a este laberinto de prisas,
caricias fingidas
y besos nómadas
que no anidan
ni echan raíz.

Recuerdo de un abrazo grácil
a la sombra de un quizás,
un poner a prueba
la flexibilidad de los esquemas
para luego,
volver al estado inicial.
O eso quisimos pensar.

Tú, mirada legañosa,
y yo, sonrisa a medio hacer,
condenándose la una a la otra
con todo el miedo en la boca
y todas las ganas por beber.

A mí me queda sed
y tú ya bebes de otras bocas.

Será cuestión de pedir otra copa
y de levantarse del banco
en el que dejé grabado
a marca de uña
cuál sería mi próxima vez.

Soy miope en cualquier ocasión.

CLAROSCURO EN EL PARQUE

Duende

Hay un duende en aquella esquina,
me mira de vez en cuando,
alguna vez me grita,
pero no entiendo lo que dice.
No se acerca mucho, pero ahí sigue.

Parece que me vigila,
pero no sé lo que quiere,
igual sólo estar ahí y observar
o quizás tiene miedo,
no lo sé,
pero lleva ahí un buen rato
y no se va.

Verle ahí, a lo lejos,
me tranquiliza.
Saber que si falto
alguien se dará cuenta
alienta mis días,
no todo iban a ser huellas vacías
en esta ciudad en ruinas.

Alguna vez se ha acercado
dando saltos y giros,
pero no demasiado,
como dejándose una vía de escape

por aquello de la supervivencia,
hay que tenerle paciencia
que a saber lo que habrá pasado.

Porque incluso el duende,
con sus guiños y alegrías,
tiene sus miedos en fila
esperando a que el siguiente tropiezo
abra de nuevo las cremalleras
tras las que enjaula a sus fieras.

Así que no le juzgo
si va y viene,
y no se queda,
porque si le miro, vuelve,
igual que la marea.

Duendecillo,
nada o vuela,
que yo seguiré en mi sitio,
a este lado de la ribera.

MEDIAS NEGRAS

Llegaste con las manos
rebosantes de memoria,
el alma en pena
y las medias negras.
Aquí yo tenía cajas vacías,
medias luces
y mucha sed.

Ninguno supimos qué hacer,
piezas de puzles distintos que no encajaban,
pero ahí seguían,
con muchos posos por beber.

¿Cómo marcharse
si nos habían perdido la maleta
en aquel aeropuerto donde aterrizábamos
cada amanecer?

Planeé la huida
desde que dejaste la primera huella en mi vida,
pero, como buen cobarde,
me acojoné,
y por miedo aquí sigo.
Y por placer también.

Costumbre, confort
o supervivencia,

llámalo como quieras,
pero me da para poder dormir,
alguna que otra vez.

Peor la enfermedad que el remedio,
pero esta cura se hace dura
y lucho contra el recuerdo
con lo poco que tengo de sensatez.

Sí, sensatez yo, puedes reírte.

Yo lo intento,
aunque ya no sé qué es más mentira,
si las lágrimas o la sonrisa.
Lo único que creo cierto
son esas medias negras,
tus manos en mi memoria
y mi boca llena de sed.

JUEGO DE NIÑOS

«Cuento treinta y salgo a pillar».
Parece un juego de niños,
pero somos tú y yo en esta casa
inventando escondites
para no vernos,
para no cruzarnos,
retrasando el amarnos
para la siguiente fase de esta partida
en la que los dos vamos perdiendo
y la que, al menos yo,
no recuerdo haber empezado.

Miradas esquivas
que sirven de huida,
para no afrontar
que los cimientos de esta no-vida
se hunden demasiado deprisa,
por no haber sido capaz(es)
de frenar, respirar
y dejarnos pillar.

BIG BANG

Toda acción tiene su reacción
igual y contraria,
pero si tú me miras,
yo te miro
y vuelo;
y si tú sonríes,
yo sonrío más
y se me queda pequeño el cielo.

La física clásica
es demasiado básica
para la magia
que contagias,
necesita de la cuántica
para expresar esa probabilidad no nula,
de que una simple mirada tuya
provoque un nuevo Big Bang.

Cometa Halley

Tengo una distancia en mente
tan larga como el fin de enero
en una casa con tres niños
y a la vez tan corta
como una mañana de mayo,
en la que un guiño
da más energía que un rayo.

Dicen que dos no caen
justo en el mismo sitio,
pero aquí estamos tú y yo,
después de media vida
igual que al principio.
Será por aquello de la relatividad
y de que todo cambia
en función de lo que has visto.

Yo no sé tú,
pero yo no me considero el mismo,
y eso ya significa algo,
aunque sea por puro egoísmo.

Sin embargo,
ahora que me fijo y te miro,
te digo que sigues siendo
el cometa Halley

surcando el cielo nocturno
cada setenta y seis años en el mismo segundo
en el que daría todo mi mundo
por un solo minuto
de lo que un día
pudimos soñar.

Y es que un día dimos un paso atrás
para saltar hacia delante,
sin fijarnos en el charco
donde nos hubiéramos podido bañar.

Ahora tenemos el culo seco
y el recuerdo de un quizás.

Una luz

Llegadas inesperadas
que no prometen nada
y acaban siendo hogueras ardiendo
en la cumbre de la montaña.

Luz en la lejanía
que asemeja destino,
pero que, a medida que te acercas,
asumes que no llegas,
vieja manía la mía de llegar pronto a los sitios.
O demasiado tarde.
Nunca a tiempo.

De hacerlo, igual te quemarías,
arderías como esos troncos
que con su crepitar te gritan:
«no vengas, este no es sitio para tú y yo».

Pero el fuego sólo quema cuando lo tocas
y a mí me sabe a poco
el calor que me provoca,
que rompa mis esquemas
y piense en jugarme la boca
por una simple chispa que no prometa,
pero que alimente la ilusión que me atonta,
desde que aquella llegada inesperada

se ha convertido en un
«¿cenamos esta semana?».

BESO/VERSO

De verso a beso,
de beso en verso
no avanzo,
me siento preso
de donde no me escapo
sigo quieto,
adherido a una estrofa
a la que rezo
por verla muy en prosa
y poco en verso.

El verso,
medida del tiempo
de una historia
en la que me pierdo
por gastar horas
en lo que no debo,
así que luego me faltan minutos
para lo que quiero.

Qué no, quién.

Porque el verso
tiene nombre, apellidos
y acuse de recibo,
aunque luego lo niegue

a los cuatro vientos,
la verdad la saben cientos
o al menos, un par,
los únicos para los que el verso
hablará.

El verso tiene vida,
nace, crece y un día
se independizará,
llevándose con él los miedos,
tu tiempo
y los pocos besos
que te llegaron a dar.

Besos en verso
o en prosa.

Da igual,
sigo preso.

SONRISAS AL TELÉFONO

¡Ring, ring!
«¿Sí? ¿Quién es?
¡Ah, sí! Hola, ¿qué tal?».

No lo puedes ver,
pero mi sonrisa llega hasta el mañana
y vuelve,
como si fuera un jueves
en el que el viernes es puente.

La llamada que todo lo cambia,
sonrisas al teléfono que te llenan de gasolina
para lo que resta de semana.

La voz y el detalle,
el recuerdo y un calor que viaja
donde sólo el corazón alcanza.

La distancia es menos larga
cuando haces por acortarla,
esa llamada que a veces
es pura magia
de la que conoces el truco,
pero te lo callas,
que igual hay suerte
y se repite alguna vez más.

El superpoder de entender
que todo es relativo a las ganas
que le pongas a lo que amas.
Y a quién.

«Oye, me ha alegrado tu llamada».

DOS Y NINGUNO

Siempre fuimos dos
cuando debimos ser uno
y ahora, que en teoría somos otros,
no somos ninguno.

Equilibristas de las cifras,
alocados guionistas
de un cuento sin pistas,
donde los capítulos se saltan la lista
y no existen ordinales
ni cardenales
que pongan orden
a este conjunto de desmanes,
en el que tú y yo
parecemos de distintas unidades.

Que la suma
no siempre sume
no hace aceptable
que a veces reste.

Porque quien no apoya
nada aporta
y si eso no cambia,
mejor puerta.

A las matemáticas me remito,
tú a los tuyos
y yo solo,
conmigo.

MIERDA

Eme de miedo a que sea
y a que no llegue a ser.

I del iluso en el que me he convertido
dejándome volver a creer.

E de lo estúpido que parezco,
aquí quieto
sin mover ni un pie.

Erre de esa rabia
que me arde en las entrañas
y coarta mi ser.

De de la duda
que llevo en la garganta
y que no hace más que darme sed.

A de esa maldita palabra
en la que dudo poder creer.

MIERDA,
ya estamos otra vez.

L

Te he escrito un poema,
es el primero que consigo acabar
y no atascarme antes de la segunda estrofa,
tengo intención de guardarlo
hasta que tenga derecho a soltarlo,
o mayor tendencia al suicidio.

Lo he escrito sin pena,
quizás con algo de rabia
y cierta inclinación a la condena.
No me verás lágrimas,
pero mi sonrisa no será del todo sincera,
yo tampoco me envidio.

Lo he escrito como si fuese una escena,
ya sé que nunca hemos compartido diálogos,
pero sólo sobre el escenario
me vuelvo suficientemente valiente
como para enfrentar al minotauro,
así no me acusarán de homicidio.

Te he escrito algo,
dudo que lo leas o que, si lo haces, lo entiendas.
Yo ya he puesto mis mariposas en fila
y estoy tensando la flecha.
Preparaos para el magnicidio.

FAROLAS AL ESCAPARATE

CARCELERO

A ti te llamo carcelero.
Tú, que en un alarde de estupidez y egoísmo
pones en riesgo mis risas,
mis sueños y a los míos
por no querer entender
que eres un peligro de muerte
incluso para ti mismo.

O lo sabes y no te importa,
no te preocupa la victoria
o derrota de los demás,
a ti te basta con tu ombligo a salvo
y un par de likes.

A ti te llamo carcelero,
que obvias el consejo
y escupes sobre el sacrificio,
creyéndote el más listo
sin ser capaz de no molestar,
mientras otros libran tu guerra
con espadas de madera
y sin apenas descansar.

A ti te llamo, carcelero.

Y cuando salga,
igual voy a por ti.

Uso del poder

Ruido,
ruido de un mundo que no para
ni frena,
sólo atropella
sin mediar palabra
y, si protestas,
te tira por tierra
echándote la culpa,
convirtiendo tu razón en llanto,
haciéndote parecer que pierdes el control,
mancillando lo que grita tu voz.
Ahí lo tienes,
el perfecto abusador.

El uso del poder con el peor fin inventado,
humos, entierros y teatro
para que solo se escuche un relato.
¿Opinión propia? Mejor para otro rato,
pero mira qué gracioso el video de estos gatos.

Sordos por el ruido mediático
que enmudece
lo que te crece
entre la reflexión y la duda,
la cordura del pensamiento innato
tachada de locura

por los que pastorean el rebaño,
y los demás diciendo a todo que sí
con tal de no ser demasiado caros.

Yo hablo bajito,
pero no me callo.
¿Y tú?

CINCO MÁS EL DESCUENTO

Soy el mayor desastre
que he visto en mi vida,
voy al filo del derrape
entre el precipicio
y la huida.

Cuidado, no me sigas
si tienes miedo a la caída,
he perdido la cuenta de los tropiezos
y no soy de llevar guía.

No tengo las rodillas curadas
y ya me sangran de nuevo,
esto de perseguir sueños
es como una espina enquistada.

Necesito recuperar el aliento,
me quedan cinco más el descuento
y no pienso dejarme nada dentro.

Que nunca me diga el espejo
que si no llegué,
no fue por mi esfuerzo.

Los sueños solo se cumplen
si los persigues,
yo ya he empezado a correr.

QUÉ LUGARES

Odio los bares de borrachos
cuando voy sobrio
y los tomo como refugio
cuando no me queda nada que perder.

Me contradigo
en cada vuelta del camino
por el que me pierdo
y del que nunca consigo volver.

Soy una brújula perdida
que solo señala las pérdidas
que me quedan por beber.

Cuadriláteros

Estoy bailando los problemas
hasta conseguir agotarlos,
no les piso los pies,
he conseguido acompasarlos a mi paso.

Una danza de puños en armas
a la que llego cansado,
con la guardia baja
y apostándolo todo a una carta:
yo aguanto,
ellos se cansan.

No soltaré ni un golpe,
no gastaré energía en hacerles daño,
seré como la maicena en agua
que endurece al envite.
No me borro del quite,
sólo encajo
el golpe bajo
y me mantengo firme.
Tendrán que venir con más
si me quieren tumbar.

Doy otro paso,
sigo bailando y sonrío,
esquivo y trago,
pero en pie sigo.

La vida me sangra,
pero la moral sigue intacta.
¿Ahora qué?
¿Seguro que quieres otro asalto?
Suena la campana,
enséñame lo que aún te guardas.

Sin filtros

No me llames
que yo viajo en modo avión
y sin el móvil en la mano,
pues el mundo me parece
suficientemente mágico
como para dejar de mirarlo
o atreverme siquiera a pausarlo.

Si vienes a molestar,
ahí está la puerta,
mejor la coges,
te vas
y me dejas quitarle el filtro a la realidad,
que yo vivo de la vida de verdad
y sin retocar.

Barro en las manos,
arena en los pies
y viento de frente,
sal de tu jaula acristalada y siente,
toca, besa, quiere
y pégate la hostia una vez
o veinte.

¿Lo ves?
Ahora no me llames,
pero vente.

Conectados

Seis asientos,
cuatro idiomas
y diez quizás
en treinta metros cuadrados.

La vida pasa
en lo que los bancos se desgastan,
entre culos, palomas
y amores grabados a filo de navaja.

Un puñado de baldosas
acortan un escenario
en el que nadie actúa:
unos ríen, otro llora,
pero todas escuchan
el agua que pican las palomas,
que se deslizan como la verdad
asomada tras las bromas.

Ven, siéntate, amigo, y mira,
de esta escena nadie se va:
todos quieren la magia
de diez personas
en cuatro idiomas
a seis asientos del final.

BARES

Que no se agoten nunca los bares,
hay más sueños en esas sillas
que galaxias en tus lunares.

Que no se agoten nunca los bares,
ahí encontramos siempre refugio
los que nunca somos pares.

Que no se agoten nunca los bares,
ni esa mirada de desconocido amable
de todos esos camareros
que nos hacen la vida más soportable.

Que no se agoten nunca los bares,
pues son el verdadero pulso
de lo que pasa en las calles.

Que no se agoten nunca los bares,
esas paredes han visto muchos principios
y los mejores finales.

Que no se agoten nunca los bares,
porque da igual quién seas,
tu apellido o el tamaño de tu cartera:
sentados a la mesa
todos somos iguales.

MÚSICOS DE CALLE

Músicos de calle
haciendo de su desgracia arte,
tienen asegurada la reserva
para este espectáculo que da pena
y tristeza a partes iguales.

Ponen el ritmo
a este caer de compases
en el que nos acercamos al abismo
como si de punk se tratase,
pogos al escaparate
y botellines de realismo.

Súbeme los graves
y haz que baile,
que se me vaya un poco la cabeza
y este estado de presión constante,
que no va a desaparecer,
eso ya lo sé,
pero al menos déjame olvidarme de él
lo que queda de tarde.

Me tenéis hasta las narices
y sólo con la música consigo cuidarme,
así que no me jodáis
y dejad a los músicos de calle

seguir relatando la decadencia
haciendo de nuestras vergüenzas arte.

Músicos de calle, salud,
y que la vida os guarde.

LOVE OVER

Qué bonito el amor
cuando es un río en riesgo de desborde.
Qué bonita la vida
los días en que las manos nos quedan pequeñas
para abarcar lo grande de nuestra risa.
Qué bonitos nuestros reflejos en esas fotos
en las que no salimos solos.

Y qué jodida la vida esa mañana
en la que todo acaba,
en la que asumes el «nunca más»
haciéndote cómplice de la huida.

Y qué jodida la madrugada
a la que rezas
pidiendo marea y ancla,
todo lleno de miedo y verdad.
Miedo a que termine de verdad.

¿Y qué hacer cuando todo termina?

Porque el amor no acaba,
el amor muere lentamente
enfermo en una cama,
rodeado de cuidados paliativos,
goteros de ojalás

y algún que otro médico inútil
con más palabras que sinceridad.

El amor no acaba,
al amor lo matas con sangre,
salitre y muchas madrugadas,
pero al final lo matas.

O eso quieres pensar.

SELENE DE MADRUGADA

EMPATÍA

Me hiciste un regalo una vez.
No iba en caja,
no tenía lazo,
fue un simple abrazo
sin distancia emocional,
el primer momento
en el que nos tocamos de verdad.

Quise y creí cuidarlo,
lo guardé a cobijo en mi regazo
lejos del resto de humanos,
ahí creí que estaba a salvo,
incluso cuando ya no compartíamos abrazos.

Incluso cuando todo se fue al carajo.
Pero no.

Sólo hiere quien puede
y yo, pudiendo,
he herido más de lo debido.
Y querido.

Perdón.

OJOS DE ESPEJO

No le tengo pena a la vida
que dejé por delante,
le tengo alegría al consuelo
que me regalan sus miradas
despistadas hacia el cielo.

En su camino,
el trigo rompe la espiga.
¿Qué hay de esas espinas
por las que yo muero
si es ella quien me lastima?

A la luz de una gota de rocío
resbalada por una ventana fría
yo me encuentro menos perdido,
son sus ojos el espejo
en esta calle vacía
de lo que no recuerdo,
pero no olvido.

El mundo se condensaba
en la comisura de sus labios,
mientras yo, arrojando mi reloj por la ventana,
trataba de detener el tiempo.

¿TIENES FUEGO?

Ella me pidió fuego,
yo venía de muchas lluvias.
No suelo estar para juegos
y menos con las manos sucias.

Ligero de equipaje
y cargado de reproches,
suelo caminar de noche,
prefiero ese paisaje.

De madrugada y pidiendo fuego,
sutil tambaleo con media sonrisa,
en esa mirada no había nada bueno.
«Perdona, tengo algo de prisa».

Mirada al frente,
huida a la espalda,
caminar rápido no es mi fuerte.
No me importó dejarla plantada.

Sonrisas a la cámara

Antes de volver a casa
quiero hacer recuento
de lo que no encuentro
cuando giro las esquinas y veo
las terrazas llenas de gente,
pero vacías de sentimiento.

Solo hay caras iguales
jugando a marcar la diferencia
para acabar siendo imágenes especulares
desiertas de esencia
y aspirantes a instagramers.

Sonrisas a la cámara
y mierda cuando alguien gira la cara.
Eso sí que no cambia,
seguimos dando asco,
pero espera,
te etiqueto aquí
a ver si me tocan esos cascos.

Antes de volver a casa
quiero preguntarme
si vale la pena volver a salir.

QUIZÁS

Un día voy a sentarme con todos los sueños
que parimos juntos y les voy a dar el primer sorbo
de este cóctel de cianuro y rabia condensada
que me ha quedado tan dulce.

Quizás, cuando mueran,
me quede tranquilo y pueda morir, mi yo aquel.

Ese yo que aún vive a tientas y a medias tintas
entre el pasado y el pantano,
que no avanza, que se atasca
y se aferra a un fantasma
en el que no tiene fe,
pero que cree que le da una vida
que en verdad le arrebata.

Me arrebata, que a fin de cuentas soy yo mismo
en dos instantes distintos del tiempo,
no tan alejados en el espacio como me pienso.
Casi viven juntos cada madrugada.

Un yo que sólo vive en unos sueños
que nunca fueron,
ya va siendo hora de despertar
y escribir un guion nuevo.

NOCHE

Es la noche una tumba
de los recuerdos escondidos,
que asustan.

La amenaza paciente
de quien le da igual la suerte,
porque siempre vuelve.

Humildad majestuosa,
no hay alarde
que alcance
a donde ella llega,
sin ni siquiera abrir la boca.

Un baño a su luz
deja ver lo que no se ve,
el envés de una carta
tantas veces marcada
que ya nadie se cree.

Nadie la escucha,
pero todos desean saber qué oculta,
el secreto que lleva dentro,
pero que, siendo oscura,
da luz a aquellos que adivinan
lo que otros no ven.

Un sobre sellado
que encierra universos
tras su lacre plateado,
epístola al portador
que ilumina rincones
donde nunca alcanzará el sol.

«Querida amiga, aquí estoy».

Lo siento

«Lo siento».
Primer intento de remiendo
del fallo no buscado,
accidental,
que aun a riesgo de ahondar en el daño,
tratas de reparar.

Mecanismo automatizado
de los que mienten
y corazón en el puño
de los que todavía sienten.

Pues el «lo siento» no va tanto de sentir,
sino de miedo a perder.

Perdóname.

GRACIAS Y ADIÓS

Dijeron que no llegaría,
que me faltaba de todo para llegar a la cima,
que si lo hacía,
sería para limpiar sus letrinas.

Así que mira
como mi sonrisa
ha hundido todas tus expectativas.

Ahora mira otra vez
como tus piedras
nunca fueran penas,
pero sí pared,
que hasta la mayor cicatriz
me hace feliz;
que toda esa mala sangre
no provocó ningún desastre,
porque no se lo permití.

Pero en parte
te lo agradezco.
Sin tus golpes
no hubiera cultivado el esfuerzo
con el que cada día aprendo
y me motivó a llegar a aquí.
Así que, vida,

si quieres otro asalto,
aquí estoy,
y si no,
gracias y adiós.

Sobre el autor

Miguel A. Peñarrubia (Valencia, 1989) se crio mirando al cielo hasta que llegó a un punto en que se decantó por la química. Malatinta apareció más tarde, dando rienda suelta a la creatividad que les latía dentro. Ahora conviven, uno enseñando y otro escribiendo, ambos improvisando.

www.ingramcontent.com/pod-product-compliance
Lightning Source LLC
La Vergne TN
LVHW042155190726
843493LV00006B/1674